# 홀로 추는 춤

오경심 가사에세이

시와사람

ⓒ 오경심, 2024
이 책의 저작권은 저자에게 있습니다.
저작권에 의해 보호를 받는 저작물이므로 저자의 허락 없이 무단 전재와 복제를 금합니다.

홀로 추는 춤

■ 저자의 말

# 도포자락처럼 너그럽고 포근한 가사

　가사문학에 눈을 뜨게 되어 기쁩니다.

　늦게라도 대면하여 마음을 통할 수 있게 된 것이 무척 다행스럽습니다. 먼저 상할아버지 생각을 했습니다. 흰 도포에 갓을 쓰고 가슴께는 수술 달린 띠를 묶고 내 손을 잡고 아직 학교에 갈 나이가 아닐 때부터 학교에 데려 가셨던 나의 증조할아버지, 그 모습을 생각하면서 더듬더듬 가사문학을 찾아서 읽고 새로운 즐거움을 알아 갑니다.

　이 말이 그 말 같고, 그 말이 이 말 같아서 갈수록 글쓰기가 어려워질 때,

가사문학을 만나서 친구가 되어 마치 그립던 기억 속의 사람을 만난 듯이 설레었습니다. 가사의 율격에 내 신명을 얹어 읽을 때도 즐거웠습니다. 가사는 도량이 넓어서 그 옷자락에 내 마음 한끝을 내려놓고 쉬어가도 웃어줄 것 같고 이야기가 멋없이 흘러도 상할아버지가 나에게 했던 것처럼 고개를 끄덕이며 차분하게 들어줄 것 같았습니다. 그분의 도포자락은 너그럽고 포근하여 내가 얼마나 나태하고 주변머리가 없는가를 알고 또 망설이며 헤매는지도 미리 알아서 편안하게 감싸줄 것 같습니다.

  가사문학이 나의 맺혀있는 가슴을 일부나마 풀어낼 수 있는 통로가 되기를 바라며 내 안에서 소멸되어가는 이야기를 찾아 정성들여 쓰고 가사의 리듬에 맞춰 보려합니다.

차 례

■ 저자의 말

오동꽃 필 때 • 17
매미들의 합창 • 25
내 고향 군내버스 • 31
친환경 농사 • 39
어머니의 독무獨舞 • 47
나의 인문학 수업 • 55
상할머니의 잠밥 • 61
상할아버지와 신발 • 67
어느 크리스마스 이브 • 73
손자사랑 • 79
귀덕 이모 • 85

은목서 · 93

어머니의 뜰 · 99

상실의 시간 1 · 105

상실의 시간 2 · 109

시월의 멋진날 · 115

헤어질 결심 · 123

오일팔 민주도시 · 129

아름다운 장례식 · 135

홀로 추는 춤

## 오동꽃 필 때

오동꽃 흩날리는 봄바람 속에/ 꽃은 피고지고 / 또 피었다 지는 사이/ 우리의 / 어린날들이 / 도란도란 영글어 갔지.

마을로 들어가는 도로 곁에
방 두 개에 부엌 하나 딸린
작은집
안방은 골골한 영감님 차지하고
작은방은 몸집이 점점 커가는
아들만 다섯 명
누구는 누워 자고
누구는 모로 자는지
알 수 없는 집
아주머니 안방 문을 들락이며
아직 차 올 때가 멀었다고
한사코 방으로 들어오라 했지
집 뒤에서 불어오는 바람에
키 큰 플라타너스
웅 웅 소리 내면
버스가 지나가 버릴까 봐
마루에 걸터앉지도 못한 채
두근두근
큰 나무 옆에 서서

귀 쫑긋 모으고 기다리는데
집 모퉁이 아름드리 오동나무에서
보라꽃이 우수수 바람에 떨어졌어
뛰어가서 한 움큼 주워오고 싶었지만
순식간에 지나가는 버스 놓칠까
몇 발작 떼다가 그냥 돌아왔지
버스가 올 때 까지
기다리던 친구들
힘 빠져 마을로 들어가 버린 후
득달같이 달려오는 버스를
손 번쩍 들고 탔지
차장언니 오늘따라 차비 달라고
돈이 하나도 없는 나는
흡사 고양이 앞에 생쥐 꼴
실랑이가 시작되자
사납게 부릅뜬 눈 큰 고양이
으름장 놓자마자 생쥐는 죽사발
신 난 고양이 소리 높여 다그치고
발끈한 생쥐 다시 살아나

빡빡

우기며 대거리하자

차장언니 기가 막혀

또박또박

어린게 말대꾸까지 한다고

면전에서 압박하며 몰아붙이자

생쥐는 급기야 눈물을 쏟았어

무료한 승객들 눈요기는 됐을망정

생쥐 작은 가슴 바삭바삭 타들고

오라잇

생쥐를 태우고 논스톱 신호하던

차장의 기백으로

버스는 내려야 될 정거장 통과하고

다음 정거장 보일 때 쯤

탕 탕 탕

버스 벽을 두들기는 차장언니 위세에

달리던 버스가 스르르 멈추었어

터벅터벅

되돌아서 지루하게 걸어왔지

생쥐가 자라서 곰곰이 생각하니
그 시절 어른들 참으로 무모했어
어린 딸을 빈손으로
무전여행 시킨 엄마
고양이 탈 쓰고 닦달하는 차장언니
자식들 거처도 비좁은 집에
새 영감님 들여놓고
오가는 사람 챙기기 바쁜
아주머니의 선심까지
그 시절 어른들의 삶의 현장
터덜터덜
가까워진 외갓집 앞에
턱하니 버티고 서있는
해묵은 오동나무
보라색 초롱꽃을
바닥에 깔아두고
어서 오라
한들한들
나를 반기는 것 같았어

사뿐사뿐

뛰어가 주름치마 벌리고

좋은 것 골라서 주워 담다보니

목울대에 걸쳐있던 서러움도 날아가고

오동꽃 흩날리는 봄바람 속에

꽃은 피고지고

또 피었다 지는 사이

우리의

어린날들이

도란도란 영글어 갔지.

## 매미들의 합창

누구의 입에선가 이슬만 먹고 사는/ 착한 곤충이라고 듣고 난 후/
풀 속에서 줍기라도 하면 / 다시 나무 위로 올려놓곤 했었지

해가 갈수록 여름은 강도를 더해
지구에 찜통더위로 앙갚음 하려는 듯
온난화 엘니뇨 보다 무서운 건
사람들 습관과 편리한 이기심은
방안에서 버튼만 켰다 껐다하고
문명의 발달은 끝을 모르고
미래를 향해 질주하고 있다
아침 산책을 위해 조반시간을 당기고
이른 시간에 산책을 나갔지
시민공원 옆으로 황톳길을 만들어
맨발로 땅을 밟고 산책하는 길
발바닥에 맞닿는 차진 촉감으로
바닥 통해 번지는 흙 기운 느끼며
매일 이 길을 걸을 수 있는
도시에서 즐기는 자연 친화
길 언덕에 허리 굽은 소나무들과
편편한 화단에는 키 작은 수국이
구름 같은 꽃을 피워 객을 반기지
물푸레 자귀나무 버짐나무 하늘하늘

동그란 화단 안에 다정하게 모여 있는
옥잠화 맥문동이 예쁜 꽃을 피워서
오가는 사람 향해 미소 보낸다
지저귀는 새소리 사이에 들리는 떼창
목청껏 울어대는 저 울음은
몸통까지 흔들며 울어대는 절규
목에서 피라도 나올 것 같은 애절함
그렇게 울면 목이 아프다고
억지로 우는 나를 달래주던
할머니 생각나서 울지마라 목아프다
속으로 중얼중얼
혼신을 다해 쏟아내는 저 울음이
짝 없는 수컷이 암컷 찾는 소리라니
매미가 보고 싶다
매미의 짝을 찾았으면 좋겠어
어제 소나기가 한차례 내린 탓인지
오늘 산책로는 싱그럽기 그지없어
땅바닥은 반질거리고 쫀득쫀득하지
동무들과 냇가에서 미역 감을 때면

느티나무 위에서 줄기차게 들려오던
어른들 엄지만한 매미들의 소리를
냇가도 없는데 도시 한가운데서 듣다니
곤충치고는 튼튼해 보이는 매미를
누구의 입에선가 이슬만 먹고 사는
착한 곤충이라고 듣고 난 후
풀 속에서 줍기라도 하면
다시 나무 위로 올려놓곤 했었지
매미가 바깥으로 나오기까지의
험난하고 지루한 고독에 대해서는
우리 중 아무도 아는 사람 없었어
그렇게 유식한 사람이 없었다는 것은
백과사전을 본적도 가져보지도 못한
우리들의 어린시절 때문이고
나는 칠십이 넘어서야
매미가 왜 그렇게 울어야하는지를
말로 듣고 확인하며 알게 되었어
오랜 시간 땅속에서 애벌레로 살다가
한여름에 나와서 겨우 한 달 살며

그동안 짝을 찾지 못해 우는
수컷의 영혼을 흔드는 울음소리
인간은 백세인생을 살겠다고
오늘도 운동 나왔다.

\*매미는 땅속에서 애벌레인 상태로 나무의 수액을 먹고
 2년에서 7년을 살다가 성충이 되기 위해 나무 위로 올라가
 천적이 없는 저녁 시간에 번데기 상태에서 탈피(2~6시간),
 2쌍의 날개를 달고 자유의 몸이 된다.

## 내 고향 군내버스

부릉부릉 부르르릉/ 바쁘게 시동을 걸고 나서/ 버스는/
광주를 향해/ 달리기 시작했지.

하늘과 꽃과 신록이 어울려
꽃구경 나오라 합창하는 오월이면
농사꾼 마음도 술렁술렁 하다가
한 차례 단체관광 다녀와서는
에라이
무섭게 올라오는 잡초 돌아보며
들뜬 마음 접어놓고 호미 들고 수행하지
농사하며 글도 쓰고 싶은 얼치기가
문학 강의 듣고 싶어 광주 가려고
첫차 시간 맞춰 부랴부랴 나갔는데
부르릉 끽
광채 나는 얼굴에 까만 선글라스
나만한 멋쟁이 또 있나 보란 듯이
기사님 내 앞에 버스를 멈추었지
차비를 물어봐도 듣는 둥 마는 둥
천원이면 되느냐고 재차 물어도
한 마디면 족하련만 대답도 않고
슬그머니 천 원 한 장 집어넣도록
혼자뿐인 승객에게 말을 아꼈지

산 많고 계곡 많은 우리 고향은
주민들 편의 위한 선심행정 베풀어
장날이나 학생들 등하교 때 맞춰서
순회버스 운행한다 듣기는 했는데
오늘처럼 이용하기는 처음 있는 일이라
고향의 풍경들이 재미있게 느껴졌어
청계에서 무거운 짐 끙끙 들고
숨차게 올라 온 아주머니 한 분이
한숨 길게 쉬며 선 채로 돈 찾느라
부스럭부스럭 꾸물대도
기사님은 잠자코 기다려 주었지
금전함에 차비 넣고 자리에 앉자마자
버스는 잠깐 속도를 내보다가
농소에서 중노인 여자 두 명이
손들고 느릿느릿 버스에 올라타자
뒷자리 앉아있던 청계리 아주머니가
오매 다리는 좀 괜찮 허요
호들갑을 떨며 반색 하더니
장 보려고 챙겨놓은 밭곡식을

흔적 없이 물어간 쥐들 이야기부터
그 밥에 그 반찬이 차리기 지겹다고
셋이 뭉쳐 떠드느라 왁자지껄 했지
그 소리가 마치 기차화통 소리처럼
시끌시끌 왕왕거리자
꽥—
기사님 자기 소리에 자기도 놀란 듯
순간 말꼬리 내리면서 타이르듯이
이제 그만 좀 하란 말이요
뭐라그요 시방 뭔 말인지 못 알아 들겄오
한 명은 기사님 말 못 들었다 되묻고
나머지 두 명은 그러거나 말거나
뉘 집 개가 짖나싶게 목소리 톤 여전했어
구불구불
막창같이 굽은 길을 한참이나 올라가니
높고 경사진 곳에 죽림 마을 보였어
동방예의지국 고취된 경로사상으로
깃발이 나부끼는 경로당 언덕 밑을
군내버스 조심스럽게 돌아 차를 세웠지

기다리던 아주머니 한 사람이
짐을 서너 뭉치 무겁게 들어 올리고는
휴우우우 깊은 숨을 한 번에 뿜어내면서
선채로 뒤적뒤적 돈지갑 찾다가
슬그머니 내려가서 안 들어왔어
장 봇짐만 싣고는 떠날 수 없었는지
시간 남아 여유를 부리는 것인지
아주머니 배짱에 놀란 사람은 나뿐이고
기사님은 잠자코 기다려 주었지
죽림에서 다시 내려오는 길목마다
마을 앞 갓길에 서서
장 봇짐 옆에 놓고 손들고 차세우면
여유만만 기사님 정차해 주었지
차림이 깨끗한 오십대 두 여인이
나란히 올라와 자리에 앉자마자
속닥속닥
남편 이야기를 하는가 싶더니
참말로 안 씻어서 함께는 못 살겠다는
아내의 울화통이 가파르게 상승하고

당장 끝장을 내기라도 할 것처럼
못 고치는 남편 병을 줄줄이 나열했지
차 안의 남자는 기사까지 세 명
그들 중 이 집안을 아는 사람 없었는지
여자들 입방아는 거침없이 계속되고
집안에서 못 고치면 나와서 개망신
귀로 듣고 공감하며 실소도 하고
푸르른 창밖으로 시선을 돌려보니
날씨는 쾌청하고 바람은 쌉쌀했지
옥과 장날
군내버스 승객들은 모두 내리고
바로 옆에 주차된 빨간색 직행버스
광주 가는 차인가요 물어도 대답 없고
안내판도 기사님도 뵈지 않은 빈 차를
기웃기웃
차창 안을 넘보고 있는데
안에서 문이 스르르 열렸어
광주 출발 오 분 전
부스스 실눈 뜨고 일어난 기사님이

행선지 바꿔달고

부릉부릉 부르르릉

바쁘게 시동을 걸고 나서

버스는

광주를 향해

달리기 시작했지.

## 친환경 농사

텅 빈 부엌에서 요술방망이 두드리듯/ 가마솥에 밥하고 손 빠르게
준비해서/ 점심을 이고지고 논으로 갔었지

대대로 내려 온 옥답을
남의 손에 위탁만 해 오다가
발달한 농촌의 기계화된 영농시설 보며
조상들이 가꾸던 물려준 땅 일구고자
직접 벼농사를 지어보고 싶었지
농자천하지대본農者天下之大本
농촌과 농사의 중요성이 강조되고
사회경제 바탕에 우뚝 세운 농업국가에서
할아버지의 할아버지 그 이전부터
대대로 농사에 정성을 쏟은 집안
혜택 받고 살아온 삶 보은하고 싶어서
영농교육 받으며 논 정비하고
친환경 농사를 시작하였지
오월부터 본격적인 농사 준비로
마른 땅을 경운해서 녹비작물 뒤집고
잘 부숙된 유기질거름 뿌린 다음에
보름 후에 한 번 더 땅을 고르고
논에 물 넣고 써레질하는 과정은
모 활착 돕고 뜬 모 다시 심어

잘 사는 농촌 만들기 위함이라
직접 할 수 있는 일은 내가 하고
기계나 인력이 필요할 때는
친척의 손을 빌리기로 했었는데
소식이 두절되어 설마하고 내려가니
들녘의 논들은 모내기를 기다리며
찰랑찰랑 논에서 물이 넘실거리는데
우리 땅 경운커녕 논바닥 할퀸 자국
한심하기 그지없어서
이게 웬일인가 물어봤더니
책임 맡은 사람 술 마시고 일하다
기계와 함께 넘어져 다쳤다 했지
그만하기 다행이다 위로는 하면서도
모내기가 코앞인데 갈지도 않은 논이라니
이리 뛰고 저리 뛰며 부탁을 해도
순서가 정해져서 바꿀 수 없다는
대답만 듣고서 그냥 올라왔지
다 자란 모판 가져온단 연락 받고
두루마리 비닐 들고 바삐 가보니

꿀꿀꿀꿀
우리 논으로 물이 들어가는데
누가 경운하고 써레질까지 끝냈는지
생각도 예상치도 못한 곳에서
사람 사는 세상의 인정을 찾고
기계가진 성수가 아침저녁 짬 내서
큰 고비 넘겨놓고는
새벽 모를 심어보자 의견 내주어
성수 따라 모내기까지 하게 되었어
모판을 올려주며 모심기 돕다보니
한 시간도 안 되어 일이 끝났지
뜬 모 할 때 필요할 거라며
여유 모판 챙겨주는 성수 마음과
이앙기가 심고 간 논 바라보니
할아버지 어디선가 혀 끌끌 차며
참 좋은 세상이다 감탄하고는
내 이름 부르며 토닥이면서
네가 벌써 자라서 농사짓느냐고
너털웃음 환하게 웃는 것 같았지

논가에 담가 둔 우렁이 건져와

잡초방제 잘 해 달라 부탁하면서

논을 돌며 한 줌씩 넣어주었어

이맘때면 분주하던 우리 집 상기想起하며

품앗이 동원되어 모판에서 뽑아다가

이 논 저 논에 옮겨다 놓고

어허이

못줄 떼어가며 모를 심었지

들녘에 일하는 사람들 가득하고

주인은 발바닥 불이 나도록

이리 뛰고 저리 뛰며

논일하다 나와서 새참 내오고

텅 빈 부엌에서 요술방망이 두드리듯

가마솥에 밥하고 손 빠르게 준비해서

점심을 이고지고 논으로 갔었지

정겹고 아련한 풍경 추억하면서

단숨에 끝나버린 들녘 바라보며

떠나간 가족생각 추억을 곱씹다가

어려울 때 도움 주던 든든한 이웃사촌

성수 마음 생각하며 희망 찾았지
며칠 후 찾아가 본 벼논에는
우렁이
논바닥 누비며
열심히 기어다녔지.

## 어머니의 독무 獨舞

하루에 한 필씩 아침부터 저녁까지/ 무아의 경지에서 시간 저물어/
스무 필이면 스무날을 베틀에 묶어두고/ 날실과 씨실을 수천수만 번
교차하며/ 베틀에서 보내진 어머니의 시간

가늘고 곧게 자란 진초록 삼대가
조밀하게 들어차 있는 넓은 삼밭
어머니 삶의 터전이 되고부터
삼 농사 잘 되는 삼밭 덕분에
고운 삼 골라서 가는 베만 낳더니
솜씨 맵시 좋다고 소문이 났지
쑤욱 쑥 자란 팔 척의 대마를
칠월 한 더위에 오지게 베어내어
강변으로 줄줄이 옮겨 가서는
삼굿에 넣고 푸욱 푹 쪄낸 다음
지릅대 벗겨내고 껍질만 말려
시렁 위에 얹어놓고 틈날 때면
한 덩이씩 물에 담가 불렸지
손톱으로 쪼개서 전짓대에 걸어놓고
낱낱이 이어가며 큰 타래 만들어
잿물에 담가서 탈색을 하고 나면
푸른 숲 솔깃이 마음 안에 들어와
젊은 여인 마음속을 다독거리며
곁눈 팔지 않도록 마음 붙잡고

쥐락펴락

어머니의 외길인생 단속했겠지

묵직한 실타래 돌 것에 걸어두고

떨어진 실 찾아 잇고 푸는 고단함이

표정 없는 얼굴 숨겨진 고뇌 속에

베매기 할 때는 할머니가 조수 되어

며느리 보조하며 궂은일 맡아 하고

도란도란 의지하던 정겨운 고부사이

바디 구멍에 날실 끼우고

베틀 폭에 맞춰서 길게 늘어놓고

올올이 치자 풀 입혀가며

잔불 피워 도닥도닥 말려가면서

앞에서 끌고 뒤에서 밀며

도투마리 감아 베틀 위에 얹어지면

어머니 독무獨舞가 시작되었지

찰카닥찰카닥

찰카닥찰카닥

마을 어귀 들어서면 기계처럼 정교하게

쉬지 않고 반복하던 어머니의 베틀소리는

철들수록 선명하게 귓가를 맴돌고
처녀공출 피한다고 울며왔던 시집에서
전장에 남편 잃고 어린자식 바라보며
한 해 두 해 지낸 세월 길쌈 명인 되었지
밥 수저 놓자마자 베틀 방에 들어가면
도투마리 없은 자리 상전처럼 높은 자리
어머니 앉을개는 낮은 쪽 꽁무니라
부티 허리에 동여매고 북통 잡아 손에 들고
오른발 뒤꿈치에 끌신 걸쳐 당겨주며
잉앗대 올리고 벌어지는 날실 틈에
북 속에 든 꾸리로 씨실 풀며 살짝 넣어
찰카닥
바디로 내려친 후 한 번 더 찰카닥
오른손이 주면 왼손이 받고
왼손은 다시 오른손으로 넘겨
주거니 받거니 상생을 도모하며
날실 씨실 교차하며 줄 간격 고르지
양팔과 오른발이
삼인조 되어 당겼다가 밀었다가

좌우로 들락날락 백발백중 북 전달해
교직 면을 넓혀가는 베틀노래는
날렵하고 숙련된 청아한 리듬이었지
가는허리 베틀에 묶어두고
밀고 당기는 두 팔의 동작이
너울 없는 춤사위에 반주 없는 쿵 짝이라
당신 앞에 짜여진 삼베가
한 뼘 되고 한 자 되었다가
열아홉 자 한 필이 되면
툭
밀대 끝으로 도투마리 밀어낼 때
휴우우
참았던 긴 숨도 휘파람 되어 울리고
허리에 두른 부티끈이
바람 빠지듯 풀어지면
어머니 참았던 소변보러 가셨지
하루에 한 필씩 아침부터 저녁까지
무아의 경지에서 시간 저물어
스무 필이면 스무날을 베틀에 묶어두고

날실과 씨실을 수천수만 번 교차하며
베틀에서 보내진 어머니의 시간
도투마리 감고 있던 대마는 어디 가고
명품 삼베로 환골탈태 거듭나면
어머니 얼굴에 긴장감 사라지고
어느새 한가득 자부심 채워졌지
길쌈 구덩이 깊게 파 놓고서
그 속에 푸웅덩 들어가 앉아
눈 닫고 귀 막고 지낸 깜깜한 시간
세월 간 줄 모르고 지내다 보니
팔다리 뻐근하고 머릿속은 가물가물
흐린 눈 비비며 바깥으로 나와 보니
해는 서산 끝에 노을로 번져있고

백발 된 어머니 방향 잃고 망연하다
자리보전 비몽사몽 누워계실 때
허공에 양팔 들어 베 짜는 시늉은
젊은 시절 그리운 어머니 독무獨舞였나
찰카닥찰카닥
귓가에서 맴도는 어머니의 베틀 소리
길쌈 명인 딱지 달고 당찬 걸음 걸으시던
어머니
그리운 밤이면
베틀소리 들린다.

# 나의 인문학 수업

바람막이 없는 미로에 서서/ 열심히 반응하고 꿈틀대며/ 십여 년에 걸친 인문학 수업은/ 달콤 쌉쌀한 추억으로 남았다

현대 우리나라는 잘 사는 나라여서
부자나라 국민 되고 물질문명 만능시대에
세계무대 우뚝 서서 반짝반짝
빛을 내는 젊은이들 덕분에
문화강국으로 자리매김 하였다
자본이 앞서는 현세를 살면서
정보와 기술만이 살길이라 하지만
우리의 영혼과 연결되는 인문학이
점점 밀려지는 안타까움 많았는데
다행히도 요즈음 우리 사회는
인문학 강의를 찾아서 들을 수 있다
젊은층은 물론이고 노년의 호응도
많아지고 있다하니 기쁘긴 하여도
더 많은 변화의 바람을 기대하며
호모사피엔스가 지성인을 뜻하는
용어라 하면 현명한 사람은
사람답게 살아야 되는 의미도
포함되어 있지 않을까 생각한다
삶의 의미는 과연 무엇이고

이 순간 현재 이 자리에서
무엇을 어떻게 하고 살아야 하는가
현재라는 중요성 때문에 오늘을
더 열심히 살아야 하는지 안타깝다
불과 사십년 전 우리집은
어른들이 추구한 효도와 우애라는
관념 때문에 사남매가 한 집에서
모여 살며 대가족이 되었다
결혼 안한 동생들은 물론이고
결혼을 한 동생부부들이 한집에서
한솥밥 먹으면서 살았다
형제는 근거리에서 가깝게 살며
함께 먹고 고루고루 살아야 된다는
시아버님의 주장을 장남이 받아서
일층과 이층에서 아이들이 태어나고
함께 자라며 넘어지면 스스로 털고
일어나는 법을 익히며 자랐다
처음부터 결정권이 없는 입장이라
나는 보지 않고 말하지 않는

피안의 세계를 구축하게 되었다
당시에 나는 직장에 나갔고
집에는 도와주는 사람도 있었지만
백일을 넘긴 아들의 잇단 병치레로
아이의 건강이 몹시 힘들 때
식구들 수만큼 할 일도 많았고
드나드는 사람도 많은 집에
책임지는 사람이 없는 공동체는
지붕 끝에 매달린 호박처럼
위태롭기 그지없어 입이 있어도
닫혀있고 기능을 할 수가 없었다
그 시절 나름의 현재에 충실하며
본래적 자아 대신 끝없이
나를 볶아 초자아의 개념으로
장남의 아내라는 벙거지를 둘러쓰고
바람막이 없는 미로에 서서
열심히 반응하고 꿈틀대며
십여 년에 걸친 인문학 수업은
달콤 쌉쌀한 추억으로 남았다

그 징표를 자식들을 통해서 바라보며
정의할 수 없는 흘러간 시간이
보고 배우며 때론 반면교사 되어
조금씩 익어갔으며 내 폭을 키우는
발판이 되었다고 생각한다
나의 인문학 수업은
오늘도 진행중이며 날마다 계속되고 있다.

## 상할머니의 잠밥

입으로 만들어 내는 상할머니의 구성진 서사는/ 나를 한순간
공주님도 되게하고/ 용감하게 싸우는 힘센 장수로도 만들어

어려서 병치레를 많이 하며 자랐어
몸을 보호하는 쓰디쓴 약들과 원기소
유일하게 먹을 수 있는 닭죽 속에서도
약 뿌리 냄새가 나면 곤욕을 치루면서
삼키지를 못하고 발버둥 하다가 겨우 넘기고
상할머니를 많이도 힘들게 한 나를
항상 집에 계신 두 어른들이 돌봐주셨어
상할아버지는 일꾼과 농사관리 할 때를
제외하고는 내 주변에 계셨지
친할머니와 어머니는 길쌈을 하고
어머니는 그사이에 재봉 일을 하여
일손을 비축했어
당시 상할머니는 몸이 가늘고 허약했지만
나의 온갖 투정을 다 들어주고
상할머니가 잠시라도 내 곁을 떠나면
할머니 어디 있느냐고 불러대고 울었어
상할머니 달려와서 울면 안 된다고
당신 수고는 뒷전이고 손녀머리 더 아플까
걱정하며 치병의례를 준비 했지

잠밥 먹이기\*는 바가지에 쌀을 담아
보자기로 싸서 이마에 올렸다 뗏다하며
입으로 만들어 내는 상할머니의 구성진 서사는
나를 한순간 공주님도 되게하고
용감하게 싸우는 힘센 장수로도 만들어
동서남북을 종횡무진 활약하는 인물 되게 하였지
쌀 한 됫박의 질량이 머리골까지 맞닿듯
이마가 멍멍하게 감각이 없어질 때 쯤
쌀랑쌀랑
찰랑대는 소리가 시원하고 통쾌함은 물론
할머니 입에서 쉴 새 없이 이어지는 이야기가
후련하고 재미있어 스르르 잠 들었다가 또
실눈을 뜨고 할머니를 불러대던 약골아이
산골이라서 전쟁 전에도 반란군들 피해가 많았고
어린 시절 들은 이야기가 모두 전쟁 중에
죽거나 살아남은 이야기다 보니
정서가 몹시 불안한 아동기를 보낸 것 같았어
상할머니는 내가 성년이 되도록
자나 깨나 기도하며 내용을 보완해서

고대광실에 나를 꾸며 앉혀놓고
명도 길고 복도 많고
좋은 남편 만나서 아들 딸 줄줄이
낳고 부귀영화 누리게 해달라고
천지신명께 빌고 부처님께도 빌었는데
이런 철저한 보호막 안에서도
나에게 무서운 사람은 어머니였지
물정도 모르는 어린아이를
학교를 일찍 보내서 하교 때는
책가방이 무거워서 허구한 날 울고 돌아왔어
집안의 분위기는 작은 소리에도 놀랄 만큼
가라앉아 우리 민족의 수난을
고스란히 감내하며 살고 있는 조용한 분위기였지
누구랄 것도 없이 가족 모두가 힘들었지만
상할아버지의 육십 평생을 돌아볼 때
큰아들에 이어 젊은 장손까지
전쟁 통에 잃었으니
어른들의 상심이 얼마나 크셨으며
증손녀 돌보는 마음 또한 오죽했을까

우리 집 말고도 살아있는 자식들이
둘이나 있었지만 상할아버지는 우리 집을
떠나지 못하시고 모녀의 울타리가 되시다가
수를 다하지는 못하셨지
나 하나가 어떻게 성장했는지
마루에서 들었던 상할아버지의 말씀이 지금껏
생생하게 내 안에서 버티고 있을 줄이야
상할아버지의 고독과 고뇌로 점철된
구슬픈 가락을 이제라도 느껴볼 수 있으려나
더러는 삭아버리고 더러는 새록새록 피어오르는
오래된 이야기보따리를 펼쳐보며
내 안에 묵혀진 이야기도 꺼내서
가사의 리듬에 올려 즐겁게 불러보고 싶어.


＊잠밥먹이기: 환자의 아픈 곳에 붙어 있는 잡귀를 쫓기 위한 민간 조치의 하나. 집안에서 어떤 사람이 아프면 곡식을 한 되쯤 담아 보자기에 싸서 환자의 아픈 곳을 문질러 잡귀를 달래고 쫓는다.

# 상할아버지와 신발

집에는 늘 술 익는 냄새가 나고/ 툇마루에 앉아 읊으시던/
상할아버지의 시조창은 너무나 슬프고/ 애달프게 들려 어서 끝이
났으면 하고 바랬는데/ 그때는 어른들의 마음을 알 수가 없었지

내 발이 큰 편이라 못마땅한 어머니는
신발을 항상 작은 것으로 사 주었어
발이 아파 어깨까지 옹크리며 곤혹스럽던
어느 날 상할아버지 유심히 나를 보시고
마루에 앉혀놓고 요리조리 살피더니
말없이 발을 주물러 주시고는
저녁때 어머니를 불러 물으셨지
여자애가 발이 너무 커서
못 크게 하려고 작은 신을 신겼다는
어머니 대답을 듣고 나서 잠시 뒤
상할아버지가 하시던 말씀은
여자는 발이 커야 머리 큰 자식을 낳는다고
조용히 손부를 타이르고 들어가셨지
상할아버지 말씀은 법이라서 그날 이후
누구도 내 발이야기는 꺼내지 않고
덕분에 내 발은 편해졌지만
상할아버지가 돌아가신 후부터
고등학교 마칠 때 까지
내 발은 다시 딱 맞은 신발 속에서

증조부모님

발가락 마디가 굽고
울퉁불퉁
자유롭지 못 했어
상할아버지 말씀이 진짜인지 아니면
지어낸 말씀인지 모르지만
덕분에 나는 평생토록 내 발에 믿음을 두고
곱디고운 어머니의 수족에 기죽지 않았어
상할아버지의 큰아들인 나의 할아버지는
빨치산에 끌려가 생사를 몰랐고
그분의 외아들인 나의 아버지는
젊디젊은 나이로 전장에서 산화되어
상할아버지는 아들과 손자를 동시대에 잃고
가슴에 상처가 컸던 분이라고 들었어
특히 손자였던 나의 아버지를 끔찍이도
아끼셨고 그런 손자를 잃고 나서 상할아버지가
받은 충격 때문에 식사를 들지 못했다고 들었어
손자에게 못다 한 사랑이 증손녀인 나에게
옮겨져서 상할아버지와 상할머니의 사랑을
과분하게 받으며 자라왔지

작은 아들들이 모셔 가려 해도 끝까지
어머니와 나를 돌보며
모녀의 울타리가 되어 주셨어
집에는 늘 술 익는 냄새가 나고
툇마루에 앉아 읊으시던
상할아버지의 시조창은 너무나 슬프고
애달프게 들려 어서 끝이 났으면 하고 바랬는데
그때는 어른들의 마음을 알 수가 없었지
오랜 시간이 흐른 후에야 그 때가 생각나고
가사문학을 공부하게 되면서
상할아버지 생각이 더 간절해지고 있어.

할머니와 나

## 어느 크리스마스 이브

어둠을 헤치고 걸어와서 성탄절을/ 나와 함께 보내고 싶어 찾아왔다는 사람은/ 아침밥만 얻어먹고 떠나갔지만/ 나에게 특별한 영감을 주었던 시간이었어

칠흑같이 깜깜한 밤

있으나 마나 한 사립문은

항상 열어두고 지내는 농가

골목의 개들도 곤히 잠든 시각

깊은 밤이 새벽을 향할 즈음에

어머니가 내 팔을 잡아당기며

긴장한 목소리로 나를 흔들었지

무슨 소리가 나는 것 같다고

호롱을 찾아 불을 켰어

누가 조심스럽게 이름을 부르는 듯

소리가 희미하게 들려왔어

어머니도 무서웠는지 귀를 세우고

입으로는 큰소리로

이 밤중에 누구시오 거듭 되뇌이며

겉옷을 챙겨 입고 방문을 열어젖혀

나도 어머니 뒤를 따라 마루로 나갔어

문밖에서 내 이름을 부르는 소리

내가 그를 알아 본 뒤에도 어머니는

반란군 시대를 경험해 본 어른이라서

남자가 두껍게 옷을 입고 바깥에 서있으니
어지간히 놀란 듯 계속 떨었어
그 시간에 여자도 아닌 남자가
올 리가 없는 집
전기도 전화도 없는 시골
마당에 서 있는 사람은 춥고 어두운
오십리 길을 터벅이며 걸어왔을 남자
언젠가 농담처럼
우리집을 와봤다고 말을 하길래
왜요, 우리집을 왜 갔느냐 물었더니
그 쪽에 사는 친구 집에 갔다가
지나는 길에 잠깐 들렸다고 말해서
건성으로 듣고는 흘려버렸는데
어떻게 이 밤중에 인적도 없는
먼 길을 걸어서 찾아왔는지
그 사람을 한밤중에 우리 집에서
볼 수 있는 사람이 아닌데
갸웃갸웃 이상한 사람이라고 생각했지
평소에 말이 통하는 사람이라

친구처럼 허물없이 지내다가
생각이 날 때면 전화도 하고
걸려오는 전화를 받을 때도 있었지만
그때 우리는 나이가 어렸고
그냥 웃고 떠들다 헤어지는
친구처럼 지내오는 처지였지
듣고보니 그날이
크리스마스 이브였어.
어둠을 헤치고 걸어와서 성탄절을
나와 함께 보내고 싶어 찾아왔다는 사람은

아침밥만 얻어먹고 떠나갔지만
나에게 특별한 영감을 주었던 시간이었어
방학만 하면 득달같이 내려오라는
어머니의 말씀을 순종했던 나는
휘황찬란한 도시의 크리스마스는
교회다니는 사람들 행사라고만 생각했는데
어둠을 헤치고 찾아온 크리스마스 이브는
의미있는 사람을 소개하는 날이었고
평생동안
감사를 다짐하는 시간이었지.

# 손자 사랑

급속하게 변해버린 사회의 풍속도에/ 우리 세대는 회전목마에 올라탄 듯/ 빙빙 돌고 어지럽지

합창단원 모집이란 현수막 보고
할아버지 한 분이 찾아오셨어
젊어서 성악을 한 것도 아니고
노래를 잘하는 것도 아니라고 말하는
기골이 장대한 문 할아버지는
손자가 보고 싶어 집을 두고
아들집 곁으로 이사 왔다고 했지
무료해서 나왔다고 말하면서
무대는 안 올라가고 연습만
함께 하겠다고 부탁했어
그 시간에 보통의 어른들 같으면
텔레비젼 프로나 즐기실 만도 한데
합창 경력도 없는 분의 용기와
담대함에 지휘자도 곤란한 표정이더니
곧 아버지 생각이 났는지 웃으며
승낙을 하고 받아 주었어 덕분에
문 할아버지를 매 주 만날 수가 있었지
일주일에 한 번 있는 저녁
연습 시간 맞추느라

이른 식사를 하고 분주한 모습으로
참석하는 문 할아버지는 젊어서부터
성실하고 책임 있는 가장같이 보였어
아들집이 마침 우리 이웃인데다
며느리는 일찍부터 봐왔던 아가씨라
집도 넓은데 굳이 전셋집까지 구해서
손자를 봐야 하나 의구심 생겼지만
격세지감 느끼며 문 할아버지
용기에 짬짬이 응원을 보냈지
젊음과 늙음 시대과 친정
급속하게 변해버린 사회의 풍속도에
우리 세대는 회전목마에 올라탄 듯
빙빙 돌고 어지럽지
결혼하면 키워준 부모 곁을 떠나서
독립된 삶을 사는 게 아니라
새로운 명령체계로 이동해서 부지런히
시댁을 섬겨야 했던 우리들의 젊은 날은
이제 엿으로도 못 바꿀
고물 관습으로 변해버렸지

남편의 위치가 장남이다 보면
집안은 온통 거북의 등껍질같이
장남의 어깨에 붙어있는 수많은
의무들과 새로운 관계들 속에서
나는 없고 며느리 자리만 있었던
지나간 일들이 생각났지
일하는 며느리가 집에 들어 온 순간
내가 겪었던 일들을 덜어 줄 요량으로
주부가 하는 일은 나 하나면 되고
당연히 육아도 지근에 살면서
내가 돕게 될 거라고 생각했지
인간 대 인간으로 순수한 마음에서
며느리는 시집이 어려운 듯 표현이 없었고
약한 몸에 늘 힘들고 지쳐보였어
시간이 지나면 편해질까 생각했는데
친정으로 잠시 가서 지내겠다고 해서
잠깐인가 생각하며 그러라고 했었지
기회는 다시 오지 않았어
손자가 있었지만 거리가 멀고

학원도 그쪽이라
자주 볼 기회가 없는 덕분에
내 시간을 쉽게 찾을 수 있었지만
며느리는 친가를 벗어나지 못했어
가장 편안하고 안락한 보금자리
내 집 내 부모 곁을 떠나서
진정한 자유 찾아 새 터전 만들기
기대했지만 십년이 넘도록
원 가족에 엉겨 붙어
새 가족의 보금자리는 활성 되지 못했어
단감이 묽어가는 어느 날
문 할아버지 감 깎아들고
합창단에 나와서 마지막 인사했지
이년 전세 계약이 만료되어 본집으로 귀환하는
문 할아버지 떠나간 뒷자리
해갈되지 않은 손자 사랑이
여울물처럼
소리 내며 흐르고 있었지.

## 귀덕 이모

긴 머리 땋아서 빨간 댕기 붙여달고/ 밤 주워 삶아주던/ 젊은 날/ 이모 모습만 겹쳐서 어른거리네요.

열여덟 처녀가 시집가는 날
초례청에서 처음 본 신랑님은
망건 쓰고 도포 입은 영감님이었고
아들만 셋인 시골 부자 영감 댁에
후처로 들어와 안방마님 된 신부는
아들 딸 사남매를 내리 낳았답니다
할아버지는 아들뿐인 집에 복둥이 딸
낳았다며 얼마나 귀했던지 귀덕이라
이름 짓고 동네잔치를 했었대요
할아버지 큰아들도 일찍 결혼시켜
한집에서 고모와 삼촌과 조카들이
함께 어울리며 고만고만한 또래들로
섞여서 자랐답니다
큰 집은 본채가 넓고 정원도 크고
별채와 사랑채가 따로 있어서
넓은 집에는 드나드는 사람도 많고
안팎으로 도와주는 사람도 많아서
인심도 좋고 활기가 넘쳤지요
귀덕 이모는 어머니의 사촌이자

나와는 세 살 차이나는

이모와 조카사이

내가 도회지서 여학교 다닐 때

흑단의 댕기머리 땋고 다니며

올케언니들 한태 규방수업 받고

집안 일 부터 착실하게 배웠지요

먹고사는 것은 풍부했지만 권솔이 많은지라

이모는 중학교 갈 생각도 못하고

찰랑찰랑

긴 머리 쫑쫑 땋아 빨강댕기 붙이고

올케언니들한테 바느질도 배우며

집안 살림도 척척 잘하게 되었지요

눈독들인 젊은 선생님도 있었는데

성씨와 가문을 중시하던 시절이라서

중매쟁이 말만 듣고 이목구비 또렷한

도시총각 성씨만 보고 결혼 했대요

알고 보니 남편은 대책 없는 한량이라

먹고 사는 일을 이모가 도맡아서 하게 되었고

안 해 본 일 없고 못할 일도 없었다며

남의 논에 하우스를 치고 살기도 했지만
살림은 항상 밑 빠진 독에 물붓기로
어찌나 힘들던지 중매쟁이 찾아가서
많이 울기도 했답니다.
이모의 공식 직업은 파출부
바느질도 잘하고 음식도 잘하며
성격도 좋아서 다니는 곳마다 신용 얻어
이모자식 어릴 때는 주인집 배려로
출근할 때 데려가서 형제처럼 함께 놀며
공부도 같이하고 잘 어울리며 자랐답니다
총명한 아들들이 똑똑하게 자라서
잘 살게 되었다고 가끔씩 자랑삼아
전화를 걸어오고 좋은 일 있을 때면
만나기도 했던 인정 많은 귀덕 이모는
평생을 자기 위해 시간과 돈 써본 일 없이
열심히 일만하고 살기는 했을망정
후사가 좋아서 이제 좀 편하게
살겠거니 했는데
작년에 심장수술을 두 번이나 받고

이제 좀 살 것 같다고 말 한지가 엊그제인데
운명하기 전날 받은 한 통의 전화가
죽었다 살아났다고 하면서도 음성이
너무도 또렷하고 명료해서
아픈 사람 맞느냐고 묻기까지 했는데
하루 뒤에 심장 정지 와서
아들집 가다가 숨 멈췄다 하네요.
자식들이 바빠서 혼자 병원가고
혼자 죽 끓여 먹었지만 괜찮다 하더니
그 말이 마지막 될 줄이야 상상조차
못했는데 속절없는 이별이라니
그렇게 빨리 갈 줄 알았으면 하소연도
들어주고 거미줄처럼 줄줄줄 이어지던
고생했던 이야기도 잠자코 들어줄 걸
허망하고 비통함이 생각할수록 기막혀서
생과 사의 갈림길이 순간이라고
때 늦게 알고 나서 이모를 만나러
모월 모일 장례식장으로 갔었지요
웃고 있는 이모 얼굴 고생한 티 없었지만

긴 머리 땋아서 빨간 댕기 붙여달고

밤 주워 삶아주던

젊은 날

이모 모습만 겹쳐서 어른거리네요.

## 은목서

나뭇잎 사이에 밥태기처럼 다닥다닥 붙어/ 하얗게 내린 눈송이 같이
보이는 꽃/ 통행하는 사람들이 코를 벌름거리고/ 다가와 냄새를
맡으며 나무를 우러러 봤어

아파트 후문 곁에 튼실한

은목서 한 그루 버티고 있어서

집을 나온 애완견들이 그 아래서

몸을 부르르 털고 가는데

가까이 가면 잎 가장자리에 잔 톱니 있어

상처라도 입을까 거리를 두고 다녔지

일상은 톱니바퀴처럼 돌고 돌면서

기쁜 일 슬픈 일 놀랍고 평온한 날들이

함께 섞여서 시간을 타고 윤회를 하지

지독하게 덥고 나른한 여름을 보내며

가을아 오너라 어서 오너라

여름을 쫓을 수 있는 것은 너 밖에 없잖니

손꼽아 기다리던 가을이 조석에 찬바람으로

신호를 보내더니 어느새 문 앞에 다가와

옷 단속까지 시켜주네

시월은 날마다 소풍만 다녀도 부족하게

여기저기서 축제가 이어지는데

더위에 지쳐 떨어진 가랑잎 밟으며

산책을 나가는데 달콤하고 향기로운

바람의 냄새가 발길 잡네
은목서 활짝 피어 방글거리며
골목을 지나가는 남녀노소는 물론이고
모든 생물들에게 향기를 퍼뜨리고 있었어
나뭇잎 사이에 밥태기처럼 다닥다닥 붙어
하얗게 내린 눈송이 같이 보이는 꽃
통행하는 사람들이 코를 벌름거리며
다가와 냄새를 맡으며 나무를 우러러 봤어
보는 눈이 많아서 개들도 감히
나무 밑에서 쉬어가지 못하였지
문득 떠오르는 아름다운 말
선한 영향력이란 이런 것이구나
묻지도 따지지도 않고 나눠주는 것
내가 피운 향기로 여러 사람이 기분 좋고
감동받으며 또 다른 아름다움을 확산시키는
이 말은 몇 년 전부터 유행처럼 번져
의식 있는 젊은 연예인들을 통해 번지고
그 말을 듣는 순간
나 역시 새로운 눈이 떠졌지

자식이 자라는 것을 보면 신기하게도
생각지도 않았던 아버지나 할아버지 모습 보이고
그 속에 할머니도 있고
엄마소도 얼룩소 부모를 닮아있어 놀랍지
두 남녀가 만나 부부가 되면
장점을 세워주고 부족함은 서로 보태서
행복을 만들어 가면 좋을텐데
어긋나는 사람들은 평행선을 고집하지
서로서로 노력하며 동글동글 닮아서
함께 쑥쑥 자란다면
그 속에 알찬 향기 그득그득 쌓이련만
네 탓 내 탓 불통하면 거둘게 없어라
지혜로운 부부라면 큰소리 나기 전에
간격을 좁히고 폐단을 줄여가다 보면
선한 영향력은 결혼한 사람의 필수조건
그것도 두 사람일 때 만들어 가야하지
남편의 좋은 향기에 아내가 감동하고
아내의 향기 따라서 남편이 감화된다면
탐스런 열매도 주렁주렁 열리고

좋은 향기 안에서 쑥쑥 자라나
집안은 웃음꽃 향기로 가득 차겠지
결혼하는 부부의 첫째 덕목은
서로가 좋은 쪽으로 닮아가기 바랄 뿐.

## 어머니의 뜰

어머니집 마당에는 방앗잎이 많았어/ 장독대나 텃밭에도
우후죽순처럼 돋아/ 아무 때고 뜯어다가 전을 부치고/
탕이나 국물에 넣어 먹기도 하지

어머니집 마당에는 방앗잎이 많았어
장독대나 텃밭에도 우후죽순처럼 돋아
아무 때고 뜯어다가 전을 부치고
탕이나 국물에 넣어 먹기도 하지
시집을 오고 나서 방앗잎 냄새가 그리울 때는
영락없이 고향집이 그리울 때였지
어머니가 퇴원하고 시골집에 내려가니
보라색 방앗꽃이 텃밭을 넘어
마당까지 밀고 내려와 온 마당이
꽃밭 되어 나풀거렸어
식물도 감정이 있나보다 생각하였어
빈집에서 어머니 기다리며 환영하듯 보였고
당사자인 어머니도 그리 생각되는 듯
잘 있었냐 잘 있었구나를 연발하며
상기된 얼굴로 웃음 가득 담고 좋아하던 어머니
식물도 무섭게 성장해서 버티고 있을 때는
선뜻 다가가기 두려울 때 있어
주인은 기력이 날로 쇠하는데
방앗꽃이 주인인 양 기운이 넘쳐서

어머니 돌아가신 후론 아깝지만
마당을 정리하고 싶었지
봄 되기를 기다려 여기저기서 올라오는
방앗꽃 나무를 한쪽으로 옮겨 심었어
담 아래쪽으로 길다랗게 두 줄을 만들어
지그재그로 정성들여 심어놓았지
봄비에 뿌리가 잘 내리라고
마당 흙을 많이 떠서 덮어주었는데
잘 자라고 있겠거니 생각하며
찾아간 어머니의 뜰에는

주인을 따라갔는지
더 이상 옮긴 꽃대를 찾을 수는 없었어
어머니가
텃밭 한 쪽에 단삼을 애지중지 가꾸셨는데
암이나 심혈관 간이나 혈액순환 신경보호에
탁월하다는 이 약제를 젊어서 크게 효과를
보았다고 만병통치 약처럼 그 밭을 가꾸시고
애지중지 하였어. 이름에서 알 수 있듯이
단삼은 여성의 질환에도 효과가 좋다지만
어머니가 가시고 난 뒤 좋아하는 사람도
돌볼 사람도 없다는 걸 알았는지
시나브로 단삼이 없어지고 말았어
식물도 사랑한 사람 따라가는 것 같아
그래도 슬프지만은 않았어.

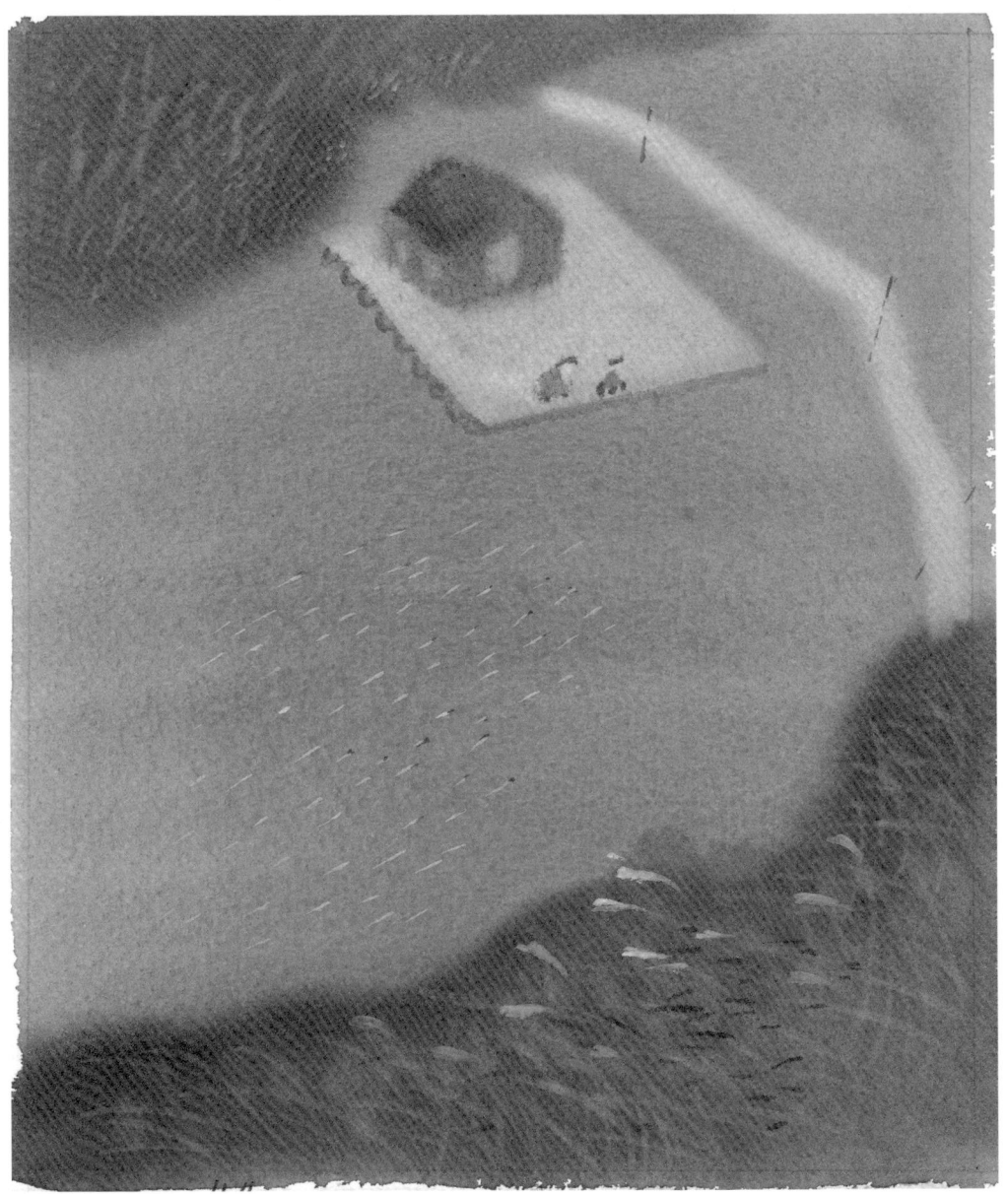

# 상실의 시간 1

길을 가다보면 늘 있었던 가게가/ 하나씩 비어지고 공간이 늘 때마다/ 우리의 세월은 추억이 되고/ 모른 체 지나가지만/ 상실의 아픔만 밀려든다.

삽십 년 넘게 다니던 떡집이 문을 닫았다
내외가 손이 맞아 함께 척척 꾸려가는
방앗간 집에는 명품아주머니가 있었어
부지런하고 깨끗하고 자신의
매무새도 단정히 가꾸면서 척척
남편도 소리 없이 잘 다루는 듯
그 민첩함에 절로 고개가 숙여지는 아주머니는
세월을 이기는 장사가 없다더니 나이 들면서
노동의 대가로 오는 병마 때문에
병원 출입을 자주 하면서부터
일세가 예전하고 달라진다 싶었어
좋아했던 아주머니에게 해 주고 싶은 말은
일을 그만하고 쉬어야 나을 거라는 말 말 말
이 년도 넘어서 방앗간 주인이 바뀌었지
경험이 있는 사람이 인수를 받았지만
나에게 방앗간의 역사는 이내 끊어졌어
맡기기만 하면 알아서 척척
해주는 아주머니와 다르게 새로 바뀐
주인은 똑같은 방앗간을 하는데도

말이 필요하고 다른 것도 많아서
마음은 전 주인을 찾고 있었지
방앗간 역사는 추억이 되고
그래서 떡도 안 먹어지고
떡하는 일도 생략하게 되었지
길을 가다보면 늘 있었던 가게가
하나씩 비어지고 공간이 늘 때마다
우리의 세월은 추억이 되고
모른 체 지나가지만
상실의 아픔만 밀려든다.

## 상실의 시간 2

사진관이 어디로 갔지 이 근처였는데/ 두리번거리다
근처를 돌아보며 물어봐도/ 대답은 모두 모른다는 것이다

지하철역 근처의 4번 출구로 나가면
새 건물 이층에 아담한 사진관이 있어
우리 가족도 많이 애용하던 정다운 곳이다
멀리 사는 아이들이 나오면
함께 가서 가족사진을 찍고
그들도 자기의 필요한 사진을
찍어가며 손자들 사진도 많이
찍었던 곳인데
그쪽에서 한동안 포크레인이 동원되어 작업했다
사진관이 있는 건물도 작지만 새 건물이어서
곁에서 또 무슨 건축을 하나보다 생각하다가
터를 닦는 장소가 예사롭지 않게 커져서
맘 먹고 찾아가 보니 사진관이 없어졌다
사진관이 어디로 갔지 이 근처였는데
두리번거리다 근처를 돌아보며 물어봐도
대답은 모두 모른다는 것이다
핸드폰 번호를 찾아 물었더니
형님은 업종을 바꿔 다른 일을 하고
함께 일했던 동생번호를 줘서 사진관을 알았다

장소를 물으니 우리집과는 정반대 쪽이다
형님의 기술이 더 좋은 것 같았는데
정작 구직을 한 사람이 동생이 아니고
형님이라는 것도 마음에 걸렸다
그동안 무슨 일이 있었을까 아담한 건물이
붕괴된 것이 가족의 해체로 연관되어
괜한 걱정과 함께 마음이 어수선했다
돈을 받고 나갔겠지만 자기의 터전이
일순간에 무너지고 새로운 곳에 가서
안하던 일을 해야하는 형님분의 나이를
생각해 볼 때 적지 않은 나이인데
사진관이 적성에 맞다고 이야기하던
아저씨의 이직이 확대해석이 되었다
사진관에서 좋은 컷을 잡느라고
외손자를 웃기던 아저씨를 보고
되려 웃지 않고 뜨악한 표정으로
바라보던 손자를 생각하며 아저씨도
사진관 일이 도중에 싫어져서
업종을 바꿨을 거라고 생각해 버렸다

늘 다니던 가게들이 소리없이
문을 닫거나 비어갈 때
그들의 아픈 마음이 때론 찢어지고
상처로 남을 수 있음을 생각한다
아이들이 초등학생일 때 외곽지역에서 살았다
큰 이층집에서 대식구가 살다가 식구가
줄면서 이사를 하게 되었는데 집을 팔고 나서
집값이 치솟는 바람에 우왕좌왕하다가
오로지 집 문제만 해결하려고 뛰다보니
막상 집을 정하고 나서 늦게 깨달은 것은
아이들 학교와 교우 생각을 못했다는
후회였다 상실의 아픔을 크게 겪었고
새로 사귀기 시작한 친구를 못잊어
소풍날은 따라간 아이도 있었다
외국을 오고 갈 때도 똑같은 경험을 하며
사라지고 없어진 것에 대한 추억은
나이가 들어갈수록 상실감만 더해간다

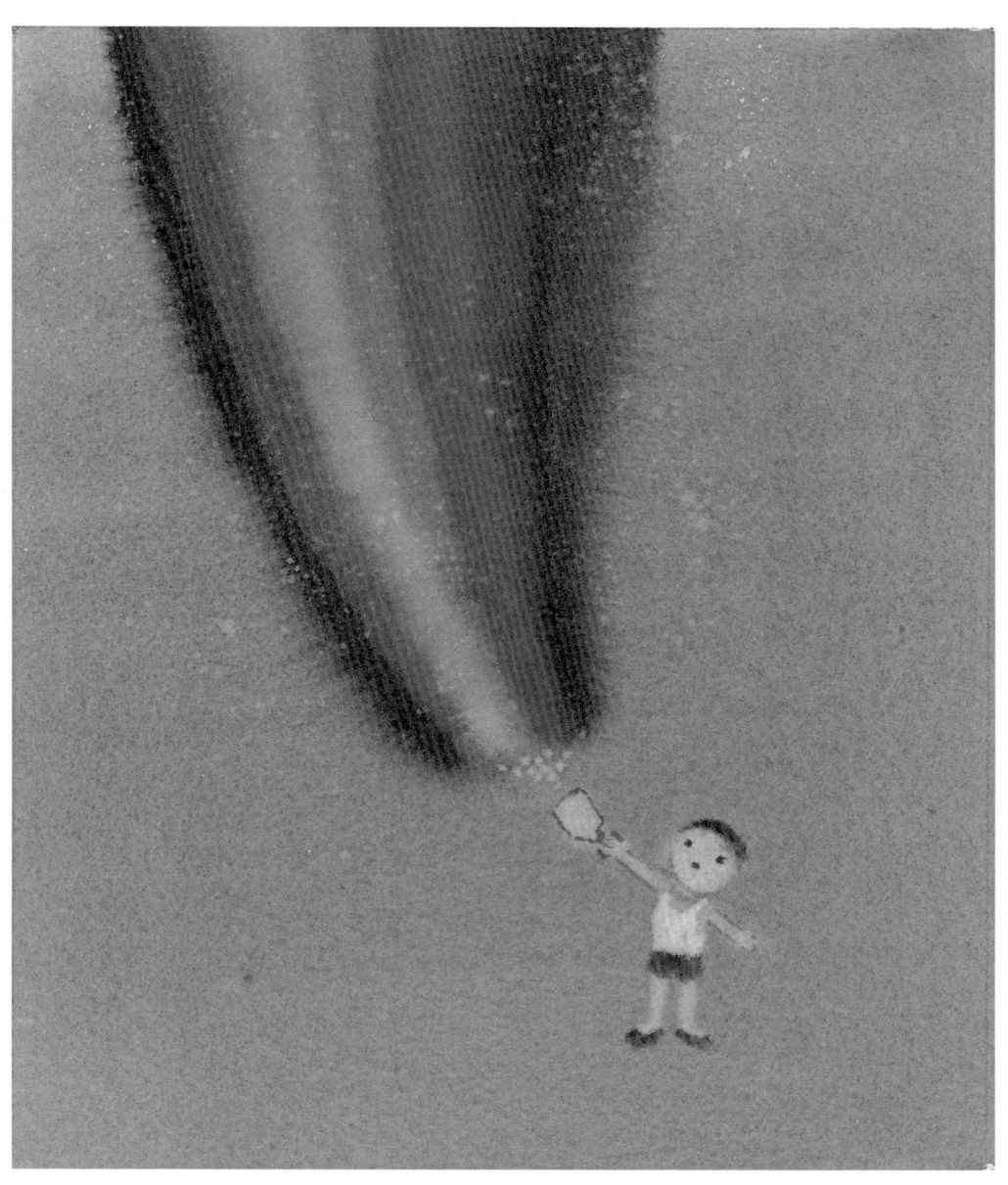

# 시월의 멋진날

맑고 푸른 시월의 멋진 하늘/ 맑은 하늘 희망주고 용기 주더니/
끝까지 훈장처럼 힘이 된/ 결혼식

비는 틀림없이 오고야 말 것인데
초가집 마당에 비내리면 어떡하나
두근 두근
쫓기듯이 마음은 점점 요동치고
시간은 조이듯이 천천히 다가왔어
사랑하는 사람과 헤어지거나
연인 혼자 남겨두고 떠나야 할 때
소설은 비 내리며 불행을 예고했지
우리의 결혼식도 비가 꼭 올 것만 같아
애가 타며 답답하고 마음은 방망이질
사람들은 남편감의 겉만 보고서
이러쿵 저러쿵
있는 소리 없는 소리 하는 통에
신부의 마음만 불안하게 하였지
교정에 무성한 젊음이 넘칠 때
초췌한 얼굴에 허무의 그림자
충혈된 안구에 피곤이 절어있는
외모도 차림새도 불안정해 보이는
볼품없는 청년을 만나고 있었지

내 얼굴 빤히 쳐다보는
눈빛 알 수 없어 혼란스러워도
나는 그의 손을 먼저 잡고
불안의 정체를 몰아내고 싶었어
친구가 되고서도 청년은
눈부신 햇살을 견디지 못하고
책갈피에 불안을 꽂고 달관한 사람처럼
많은 독서를 진열하듯 늘어놨지
미래나 희망보다 절망 먼저 꺼내는
소피스트 에고를 지켜봐야 했었어
나는 신의 처방을 믿으며
시간을 벌고
바람이 지나가기를 두 손 모아 빌었지
대지는 어둡고 습하고 불안했으며
훼방꾼의 감언이설 난무한 속에서
오락가락 길을 물으며 헤매다가
각자의 집으로 돌아가곤 했었지
내편은 아무도 없는 어둠 속에서
결혼식 장소는 우리집 마당

결혼이 기쁘기보다는 슬픔으로 다가온 것은
그 사람 건강상태가 보기보다
안 좋다는 두려움 때문이었지
독특한 습관들과 문화적 차이로
날마다 건강을 소모하는 청년에게
친구가 되어주고 싶었던 마음과
곁에서 지켜주고 싶었던 생각이 앞서
결혼밖에 없다는 처방약을 쓰며
제발 우리의 결혼식 날은
비야 오지 말아라 사정도 해보고
내 마음 누구도 알리 없는 사람들

하필이면 결혼식장이 마당이 되다니
차일 쳐진 마당에 비 오는 날 상상하며
친척집은 물론이고 앞을 봐도 옆을 봐도
초가집에 오두막들
주례스님 좌정하실 곳 뉘 집으로 정할까
정갈한 음식과 다과상이 가능하나
차도 없고 운전자도 없는 시골 형편에
어머니를 거역할 수는 더더욱 없었고
흐르는 눈물만 꾸역꾸역 훔쳤다네
시월 스무날 날씨 쾌청
간밤을 뜬눈으로 새우는데

새벽시간이 마른하늘이라
정신이 바짝 들면서 마음은 설레발
여명이 트고 점점 맑아진 하늘
찬란한 태양이 내 앞으로 찾아왔지
미장원에 가서 면사포 올리고
시골로 내려가노라니
길가의 코스모스 한들한들 노래하며
손뼉 치는 꽃길 달려가면서
꿈인가 생시인가 스르르 잠든 신부
병풍 친 마당으로 내려가니
어느새 스님들 도착해 계시고
구산 큰스님 앞으로 가서
주례사 듣고 일가 친척과 함께
동네사람들 앞에서 결혼식을 올렸네
시아버님 큰아버님
식사나 제대로 하시고 가셨는지
아직껏 여쭤보지 못한 채 세월은 가고
스님은 차 한 잔만 드시고 떠나셨다 들었지
모두가 마음 다해 응원해준 결혼식

이 모든 축복 속에서도 으뜸인 것은
맑고 푸른 시월의 멋진 하늘
맑은 하늘 희망 주고 용기 주더니
끝까지 훈장처럼 힘이 된
결혼식
최고 선물로 간직하고 있다네

# 헤어질 결심

미안한 시늉하며 시선을 피하고는/ 얼마나 외로웠을까/
버티는가 싶더니 체념한 듯 떠나갔네

친척집 진돗개가 새끼를 낳았다고
바구니에 담아서 우리집으로 왔는데
태어난 지 삼 주일 된 하얀 강아지
떠나온 곳 이름 따라 능이라 부르는데
능이는 십오 층 아파트가 처음이라
찔끔찔끔 낑낑대며
어두운 곳 파고드는 강아지 안고
보다 못한 남편이 시골집으로 데려갔지
아침저녁 산책하는 남편 따라서
땅도 밟고 풀도 밟고
촐랑촐랑 따라가며
바늘 가는데 실 가듯
남편 가는데 능이 가고
먼 길도 따라가고 등산도 함께하며
능이의 하얀 털 보기 좋게 자란 세월
둘이는 단짝 되고 한 폭의 그림 되었지
능이를 좋아하는 사람 많아도
능이는 시큰둥 남편만 따르며
이웃이나 지인을 볼 때 민감하게 대응해서

능이 목에 목줄을 달아야 했어
남편의 외출 때도 줄 달아 데려가고
그 양반 혼자서 외지로 나갈 때면
망부석처럼 서서 주인 간 곳 바라보다
들어오는 자동차 소리는 멀리서도 감지하고
펄쩍펄쩍
뛰며 반기는 능이였네
어느 날 목줄에 감겨있는 능이
이웃집 아저씨가 풀어주는데
능이가 아저씨를 물어버렸어
능이의 지나친 경계심 때문에
주변에 민폐 되는 일 생겨나
능이에게 가족지정 운운하며
타이르고 편들 수만은 없어서
헤어질 결심을 하게 되었지
능이가 눈치라도 챈 것인지
찾아온 손님 보며 더욱 짖어대고
흔히 못된 사람을 평할 때면
개만도 못하다고 말하곤 하는데

능이의 주인사랑 견줄 바 아니었고
지나친 충성하다 사납다는 오명 쓰고
우리 가족 결국은 헤어져야 되다니
만약에 능이와 입장이 바뀌었다면
주인의 위기를 목숨 걸고 지켰을 텐데
사람은 능이 하나 지켜주지 못하고
떠나는 날 아버지 보고 뛰면서 좋아하더니
고개 들지 못하는 아버지 모습 보고
몸을 바짝 땅에 붙이고
미안한 시늉하며 시선을 피하고는
얼마나 외로웠을까
버티는가 싶더니 체념한 듯 떠나갔네
만물의 영장이라 말하는 사람
우리 가족 누구도 변명조차 못해주고
능이를
지켜줄만한
아무 일도 못 했네.

## 오일팔 민주도시

그때부터 하나 둘 골목에 사람 모여/ 십시일반 생수 사서 올려주고/
짭 자름한 주먹밥을 돌아가며 만들어/ 젊은이들을 응원했었지

화순으로 가는 길목의 산 아래

가끔씩 개 짖는 소리조차

시끄럽게 들리던 조용한 마을

우리집 앞으로 날마다 봇짐 메고

떠나는 사람들이 많아졌어

광주만 벗어나면 되는 것처럼

공수부대가 술을 많이 먹고

광주로 내려와서 대학생들을 잡아간대

총을 들이대고 짓밟고 질질 끌고 가서는

트럭 위로 던져 싣고 간다는

흉흉한 소문이 들리며

광주는 순식간에

무서운 도시가 되어버렸지

이따금 총소리가 나고 큰길을

오가는 트럭 위에 빨강두건 두른

젊은이들이 행진곡 부르며 돌 때

길 위에는 사람의 그림자 하나 볼 수

없었고 이따금 큰길 쪽에서

탕 탕 탕 공포소리가 나면

아! 이 난리가 웬말인고
공수부대는 왜 굳이 술까지 먹고
총부리를 광주의 학생들이며 형제요
아들들을 겨냥하는가
의문도 가시기 전에 죄 없는
젊은이들이 무작위로 쓰러져 도청 바닥에
즐비하게 누워있다는
소문에 시민들은 덜덜 떨었지
학교가 직장인 남편은 일찍부터
나가서 대책을 세우고 두세 명씩
적은 수가 움직이며 살벌한
도청 광장을 돌아본다 하였지
시동생 둘이 대학생인 우리집은
초비상으로 지하실을 치우고 조카들까지
젊은이들 피난처가 되었고
시어머님이 안방에서 지키셨어
전쟁을 겪어봤던 어머님 세대는
지혜롭게 식료품 구입을 독려하고
물건을 비축하며 집단속부터 하였지

가게의 물건은 발 빠른 사람들 덕에
바닥이 나서 불안은 더 조성되고
자식들이 어린 나는 땀 뻘뻘 흘리며
하루하루 무사하기 빌며 애기 업고 밥 수발
날이 지날수록 우리집 앞에는
화순 쪽으로 이고 지고 넘어가는
피난 행렬이 늘고
전쟁은 이렇게 시작되는구나
급기야 어머님마저 이른 새벽에
대학생 아들 둘 앞세우고
화순까지 걸어서 고향집에 가시고
딸이 걱정된 친정엄마 올라와서
내가 집은 지킬테니 너도
내려가라고 종용하셨지
그때부터 하나 둘 골목에 사람 모여
십시일반 생수 사서 올려주고
짭조름한 주먹밥을 돌아가며 만들어
젊은이들을 응원했었지
이런 일이 일어나기 전에 광주시민은

이미 최루탄에 중독되어 찌들어 갔어
광주
광주의 젊은이들이 흘린 피로
군부독재 서막을 알리는
광주의 붉은 피가
듣도 보도 못했던
전두환을 알리며
오일팔 민주도시를
세계만방에 고하게 되었지

## 아름다운 장례식

인생은 더디게 갈 때도 있지만/ 살고 보면 너무 짧아/
그 짧은 생애를/ 좋은 것만 말하고 살기도 부족한/
시간이라는 생각에 멈추지 않는 눈물

상주가 타고 가는 검은 색 승용차가
장례식장에 도착하자 검은 정장차림의
중후한 장년의 남자들이 대기하고 있다가
문을 열고 정중하게 상주를 맞았어
입구에서 식장으로 들어갈 때는
한걸음 뒤에 서서
마치 대통령의 의전에서나 본 듯한
엄숙한 표정에 최고의 예를 갖추고서
상주를 안내했지
식장은 작고 아담한 채플 같은 곳이었고
고즈넉한 분위기의 실내에서 음악이 흐르고
은은한 커피향에 잠시나마
가족을 잃었다는 상실이나 서러움 보다는
파티에 초대된 착각이 들 정도였어
탁자에는 커피와 갓 구운 빵이
적당한 크기로 테이블 위에 놓여있었지
상주인 며느리 홍희 씨의 차림은
검은 원피스에 모자 위로 검은 망사를 늘어뜨려
희고 예쁜 그녀의 얼굴을 더욱 더 돋보이게 하였고

입술도 배우처럼 진하게 바르고
명랑하게 웃고 슬픔을 과장하지 않았어
그녀는 편의점에서 일을 할 때도
항상 깔끔하고 단정하고 상냥했지만
작고도 아담한 그녀의 외모가
오늘은 특히 깜찍하고 예쁘게 보였어
목사님이 들어오시고 조문객이 많아지자
장미향이 은은히 풍기는 넓은 로즈홀로 옮겨서
질서있게 정해 준 자리에 앉았어
로즈홀은 그 건물에서 가장 큰 홀이었고
기둥들이 천장을 받치는 듯한
목조건물은 마치 가정집에 온 듯한
편안한 느낌이었어
식을 진행하는 벽 한쪽은
환하게 꽃장식이 잘 되어있고
조명등도 켜져있는 것으로 보아
고인이 안치된 곳이라는 생각이 들었지
목사님이 들어오고 조문객들이 차례로
자리를 잡도록 상주는

여유있게 웃으며 담소를 하고
정좌하는 동안 정장차림의 직원들이
깍듯하게 안내를 맡았지
식이 시작되자 고인이 이민 와서 반세기를
지내는 동안의 약력이 소개되고
자제들 삼남매가 어머니 성품 따라
훌륭하게 성장한 이야기며
고인을 기리는 친구나 친족의
조사와 에피소드가 짤막하고
유쾌하게 소개되고
마지막으로 자녀들이 어머니를
추모하는 시간을 가진 후
자리에서 일어나 고인을 보기 위해
안치된 곳을 향해 서서히 앞으로 갔지
아름답게 화장하고 평소에 즐기던 빛깔의
새 옷을 입고 꽃장식하고 누워있는 조명 앞으로
줄을 서서 다가가 안녕을 고했어
아름다운 이별이고 분위기와 느낌은
즐겁게 천당 갈 것이라 확신들게 만들어

참석자들 모두가 흐뭇해 했지
한 번도 뵌 적이 없는 고인을
며느리 홍희씨의 말로만 듣다가
오늘 처음 뵙는데
잘 키운 딸들 덕에 후사가 평안하였고
며느리 홍희씨의 친구인 나는
며느리에게 시집살이 좀 시키신
어른으로 알고 있어서 가벼운
마음으로 참석했는데
왜 그렇게 많은 눈물을
쏟아야 했는지
꼭 내가 곡쟁이로 따라왔나 싶게끔
눈물이 멈추지가 않았지
인생은 더디게 갈 때도 있지만
살고 보면 너무 짧아
그 짧은 생애를
좋은 것만 말하고 살기도 부족한
시간이라는 생각에 멈추지 않는 눈물
그날 아름다운 장례식의 모습은

결코 길지 않은 인생을 살다가는 우리
한 번 살다 가는 인생
나와 내 이웃을 사랑하며
잘 살고 가야한다는 다짐을 하였었지.

오경심 가사에세이
# 홀로 추는 춤

2024년 11월 20일 인쇄
2024년 11월 25일 발행

지은이 오경심

펴낸이 강경호 편집장 강나루 디자인 정찬애
펴낸곳 도서출판 시와사람
등록 1994년 6월 10일 제 05-01-0155호
주소 광주시 동구 양림로 119번길 21-1(학동)
전화 (062)224-5319   E-mail jcapoet@hanmail.net

ISBN 978-89-5665-751-6  03810

공급처 ■ 한국출판협동조합
경기도 파주시 탄현면 오금로 30
주문전화 (02)716- 5616, 070- 7119- 1740

· 잘못된 책은 구입하신 서점에서 바꾸어 드립니다.
＊이 책은 전라남도, (재)전라남도문화재단의 후원을 받아 발간되었습니다.

이 도서의 국립중앙도서관 출판예정도서목록(CIP)은
서지정보유통지원시스템 홈페이지(http://seoji.nl.go.kr)와
국가자료종합목록 구축시스템(http://kolis-net.nl.go.kr)에서
이용할 수 있습니다.